Impressum
Verlag: BABADADA GmbH, Nedderfeld 112 , 22529 Hamburg
Geschäftsführer / Verlagsleitung: Harald Hof .
Druck: Books on Demand GmbH, In de Tarpen 42, 22848 Norderstedt

Imprint
Publisher: BABADADA GmbH, Nedderfeld 112 , 22529 Hamburg, Germany
Managing Director / Publishing direction: Harald Hof
Print: Books on Demand GmbH, In de Tarpen 42, 22848 Norderstedt

اسڪول

學校

ڪلاس روم
教室
除
186/2
بورڊ
黑板
اسڪول جو اڱڻ
استاد
老師
紙
لکڻ
書寫
پين
筆
ميز
辦公桌
直尺
書
شاگرد
學生

بستو

書包

پينسل باڪس

鉛筆盒

پينسل

鉛筆

پينسل شارپنر

削鉛筆機

ربڙ

橡皮擦

ڊرائنگ پيڊ

畫板

برائنگ

圖畫

پینٹ برش

畫筆

پینٹ باکس

顏料盒

قینچي

剪刀

ڪئونر

膠水

مشق ڪرڻ واري ڪاپي

練習冊

هوم ورڪ

家庭作業

عدد

數字

جوڙ ڪرڻ

加

ڪٽ ڪرڻ

減

ضرب ڪرڻ

乘

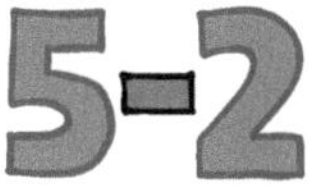

حصاب ڪرڻ

計算

A

خط

字母

ABCDEFG
HIJKLMN
OPQRSTU
VWXYZ

الفابيٽ

字母表

hello

لفظ

字

مضمون

課文

پڑھٹ

讀

چاڪ

粉筆

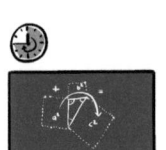

سبق

上課

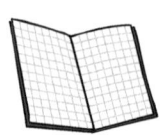

رجسٹر

登記

امتحان

考試

سرٽيفيڪيٽ

證書

اسڪول يونيفارم

校服

تعليم

教育

انسائڪلوپيڊيا

百科全書

يونيورسٽي

大學

خوردبيني

顯微鏡

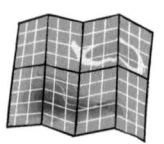

نقشو

地圖

ردي جي ٽوڪري

廢紙簍

هوٽل
飯店
هاسٽل
青年旅社
رقم تبديل ڪرائڻ جي آفيس
外幣兌換處
سوٽ ڪيس
手提箱
ڪار
汽車

ٻولي

語言

ها يا نه

是/否

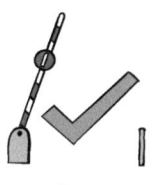

صحيح آهي

好的

هيلو

您好

مترجم

翻譯人員

مهرباني

謝謝

هن جي قيمت گهڻي آهي.....؟

……多少錢？

مون کي سمجه ۾ نٿو اچي

我不明白

مسئلو

問題

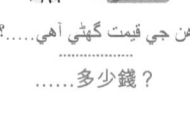

گڊ ايوننگ

晚上好！

صبح بخير

早上好！

شب خير

晚安！

الوداع

再見

طرف

方向

سفري سامان

行李

بيگ

包

پويان ٻڌن وارو بيگ

背包

مهمان

客人

ڪمرو

房間

بستر وارو بيگ

睡袋

خيمو

帳篷

سیاحت بابت معلومات

....

旅行資訊

سمنډ کنارو

....

海灘

کریډټ کارډ

....

信用卡

ناشتو

....

早餐

لنچ

....

午餐

ډنر

....

晚餐

ټکټ

....

票

لفټ

....

電梯

مهر

....

郵票

سرحد

....

邊界

ګاهک

....

海關

سفارتخانو

....

大使館

ویزا

....

簽證

پاسپورټ

....

護照

آمد و رفت

交通運送

هوائي جهاز
飛機
سمنڊري جهاز
船
باھ وسائڻ واري گاڏي
消防車
بس
公車
卡車
汽艇
ڪار
汽車
سائيڪل
腳踏車

فيري

渡輪

بيڙي

小船

موٽر سائيڪل

機車

پوليس ڪار

警車

ريسنگ ڪار

賽車

رينٽل ڪار

租車

چشیرنگ کار

拼車

چکٹ وارو ٹرک

拖車

کچري واري ٹرک

垃圾車

کار

馬達

فیول

汽油

پیٹرول اسٹیشن

加油站

ٹریفک جا نشان

交通標識

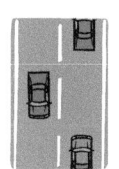

ٹریفک

交通

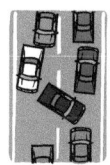

ٹریفک جام

交通堵塞

کار پارک

停車場

ٹرین اسٹیشن

火車站

پٹڑیون

軌道

ٹرین

火車

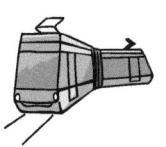

ٹرام

路面電車

ویگن

客車廂

هيليڪاپٽر

直升機

ايئرپورٽ

機場

ٽاور

塔

مسافر

乘客

ڪنٽينر

集裝箱

ڊبو

紙板箱

ريڑهي

手推車

ٽوڪري

籃子

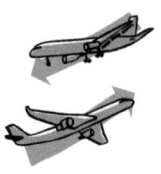

اڏرڻ / زمين تي لهڻ

起飛/降落

شهر

城市

ڳوٺ

村莊

شهر جو مرڪز

市中心

گهر

房子

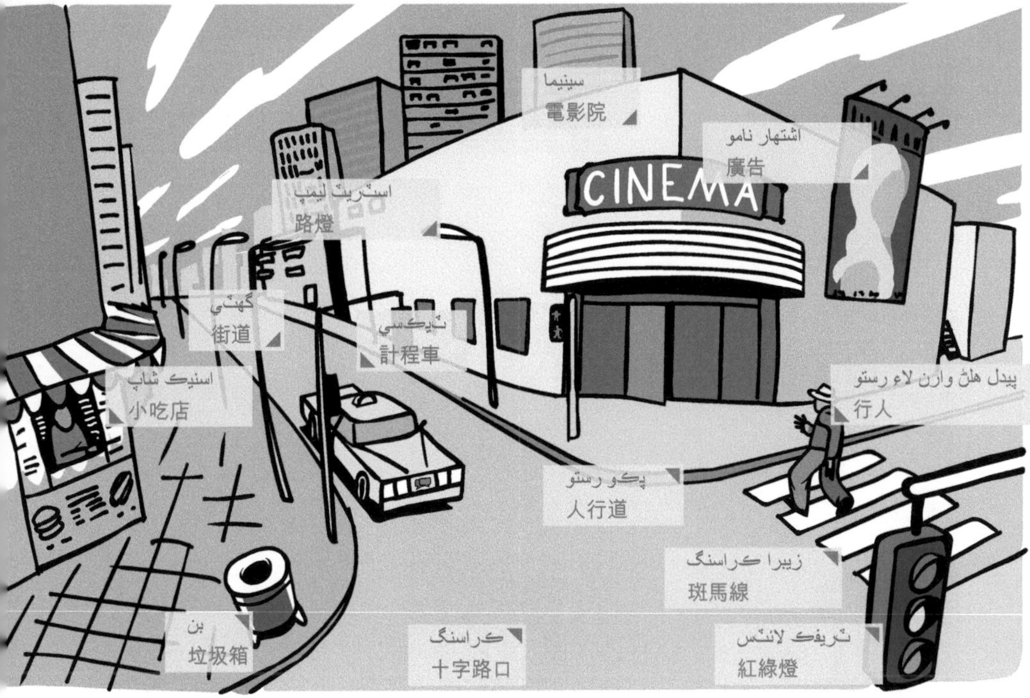

سينيما
電影院
CINEMA
اشتهار نامو
廣告
اسٽريٽ ليمپ
路燈
گهٽي
街道
ٽيڪسي
計程車
اسنيڪ شاپ
小吃店
پيدل هلڻ وارن لاء رستو
行人
پڪو رستو
人行道
زيبرا ڪراسنگ
斑馬線
بن
垃圾箱
ڪراسنگ
十字路口
ٽريفڪ لائٽس
紅綠燈

جهوپڙي

小屋

فليٽ

公寓

ٽرين اسٽيشن

火車站

ٽائون هال

市政廳

MUSEUM

عجائب گهر

博物館

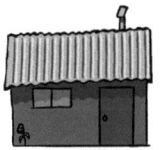

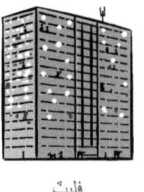

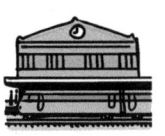

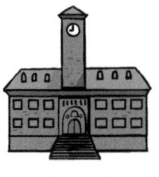

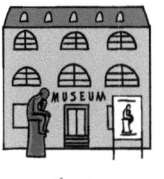

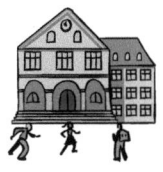

اسڪول

學校

یونیورسٽي

大學

بينڪ

銀行

اسپتال

醫院

هوٽل

飯店

فارميسي

藥房

آفس

辦公室

ڪتابن جي ڪتاب

書店

دڪان

商店

گلن جي دڪان

花店

سپر مارڪيٽ

超市

مارڪيٽ

市場

ڊپارٽمينٽ اسٽور

百貨商店

مڇي جي دڪان

魚店

شاپنگ سينٽر

購物中心

بندرگاه

海港

پارک

公園

بینچ

長凳

پل

橋

ڈاکڑ

樓梯

زیز زمین میٹرو

捷運

سرنگ

隧道

بس اسٹاپ

公車站

شراب خانو

酒吧

روسٹورینٹ

餐館

پوسٹ باکس

郵筒

اسٹریٹ سائن

路標

پارکنگ میٹر

停車計時器

چڑیا گھر

動物園

سوئمنگ پول

游泳池

مسجد

清真寺

فارم
農場

آلودگي
污染

قبرستان
墓地

چرچ
教堂

راند جو ميدان
操場

مندر
寺廟

زميني منظر

地形

پتو
樹葉
سائن بورڊ
指示牌
رستو
路
ساوڪ واري زمين
پٿر
石頭
پيادل هلڻ وارو هائيڪر
徒步旅行者
وڻ
樹
دريا
河
گل
花
چير
草

وادي

峡谷

جبل

丘陵

ڍنڍ

湖

ٻيلو

森林

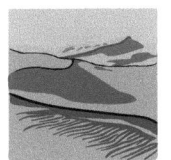

ريگستان

沙漠

آتش فشان

火山

قلعو

城堡

انڊلٺ

彩虹

کنڀي

蘑菇

کهجي جو وڻ

棕櫚樹

مڇر

蚊子

مک

蒼蠅

ڪيولي

螞蟻

ماکي جي مک

蜜蜂

مڪڙي

蜘蛛

ٽنڊڻ

甲蟲

ڏيڏر

青蛙

نوريئڙو

松鼠

چاھو

刺蝟

خرگوش

野兔

چبرو

貓頭鷹

پکي

鳥

بدڪ

天鵝

سوئر

野豬

هرڻ

鹿

آمريڪي هرڻ جو قسم

麋鹿

ڊيم

水壩

هوا سان هلڻ واروٽربائين

風力發電機

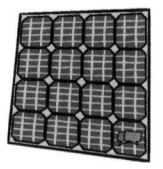

سولر پينل

太陽能電池板

آب و هوا

氣候

روسٽورينٽ

餐館

ويٽر
服務生
کاڌي جي فهرست
菜譜
椅子
سوپ
湯
پيزا
披薩餅
ٽيبل جو ڪپڙو
桌布

اسٽارٽر

前菜

مين ڪورس

主菜

کاڌي کانپوءِ کائڻ وارو مٺو

甜點

مشروب

飲料

خوراڪ

食物

بوتل

瓶子

فاسٽ فوڊ

速食

اسٽريٽ فوڊ

街邊小吃

ڪيٽلي

茶壺

شگر باؤل

糖盒

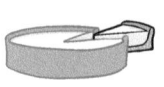

ٽڪرو

一份飯菜

ايسپريسو مشين

義式咖啡機

اونچي ڪرسي

高腳椅

بل

帳單

ٽري

托盤

ڇري

刀

ڪانٽو

餐叉

چمچ

勺子

چانهن جو چمچو

茶匙

سرويٽي

餐巾

گلاس

玻璃杯

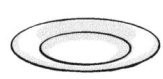

پليټ

碟子

سوپ پليټ

湯盤

ساسر

碟子

چټني

醬

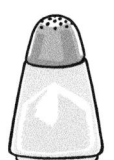

لوڼ داني

鹽瓶

مرچ پيسټ وارو

胡椒研磨罐

سرکه

醋

کاڼو پچاڼ وارو تيل

食用油

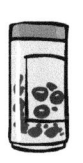

مصالحو

調味料

کيچ اپ

番茄醬

سرنهن

芥末

مايونيز

美乃滋

سپر مارڪيٽ

超市

خصوصي آفر
特價
خريدار
顧客
FOR
乳製品
水果
購物車

گوشت جي دڪان

肉鋪

بيڪري

麵包店

وزن ڪرڻ

稱重

سبزيون

蔬菜

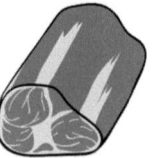

گوشت

肉

ڄميل کاڌو

冷凍食品

سرد گوشت

冷盤

ڊبي ۾ بند ڪاڌو

罐頭食品

واشنگ پاؤڊر

洗衣粉

مٺائي

甜食

گھريلو سامان

日用品

صفائي ڪرڻ وارا پراڊڪٽس

清潔用品

سيلز پرسن

銷售員

ڪيش رجسٽر

收銀機

خزانچي

收銀員

خريداري جي فهرست

購物清單

اوقات ڪار

開放時間

پرس

錢包

ڪريڊٽ ڪارڊ

信用卡

بيگ

袋子

پلاسٽڪ بيگ

塑膠袋

مشروب
飲料

پاڻي

水

جوس

果汁

کير

牛奶

ڪوڪ

可樂

وائن

紅酒

بيئر

啤酒

الڪوهل

酒

ڪوڪو

可可

چانهي

茶

ڪافي

咖啡

ايسپريسو

義式濃縮咖啡

ڪيپيوچينو

卡布奇諾

کیلو

香蕉

صوف

蘋果

مالٹو

柳丁

خربوزو

西瓜

ليمون

檸檬

گجر

胡蘿蔔

ثوم

大蒜

بانس

竹子

بصر

洋蔥

کنيي

蘑菇

اخروٹ، بادام

堅果

نوبلز

麵條

اسپیګټي

義大利麵

چانور

米飯

سلاد

沙拉

چپس

薯條

تریل پټاټا

炸馬鈴薯

پیزا

披薩餅

هیم برګر

漢堡

سینډوچ

三明治

ګوشت جو ټکرو

炸豬排

سور جي ران جو ګوشت

火腿

خشک ګوشت

義大利臘腸

ساسیج

香腸

مرغي

雞肉

روسټ

烤肉

مچي

魚

جوَ جو دليا

燕麥片

ميوزلي

木斯里

كارن فليكس

玉米片

اٹو

麵粉

كروئسنٹ

牛角麵包

بريڈ رول

麵包捲

بريڈ

麵包

ٹوسٹ

吐司

بسکٹ

餅乾

مکٹا

奶油

دهي

凝乳

کيک

蛋糕

انڈا

蛋

فرائي ٹيل انڈو

煎蛋

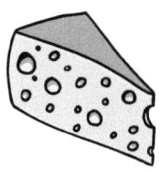

پنير

起司

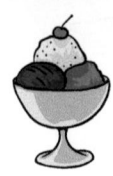

آئس کریم

冰淇淋

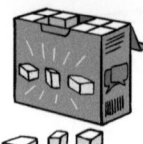

کنډ

糖

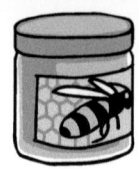

ماکي

蜂蜜

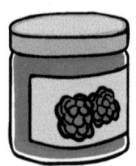

مربو

果醬

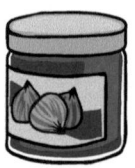

چاکليټ اسپريډ

巧克力醬

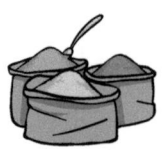

ہاچي

咖哩

فارم
農場

گدام
糧倉
پلال جوگنڍ
稻草捆
زمين
田野
گهوڙو
馬
ٽريلر
拖車
ٽريڪٽر
拖拉機
گهوڙي جو ٻچو
馬駒
驢
羊
رڍ جو ٻچو
羔羊

ٻڪري

山羊

ڳئون

奶牛

پاڏو

小牛

سوئر

豬

سوئر جو ٻچو

小豬

ڍڳو

公牛

هنس

鵝

بدڪ

鴨

چوزا

小雞

مرغي

母雞

مرغو

公雞

ڪوئو

鼠

ٻلي

貓

ڪوئو

老鼠

ڏاند

牛

ڪتو

狗

ڪتي جو گهر

狗屋

گاربن هوز

花園澆水軟管

پاڻي جو ڪين

澆水壺

ڏاٽو

長柄大鐮刀

هر

犁

ڏاٽو

....

鐮刀

رنبو

....

鋤頭

ڏانداري

....

長柄草耙

ڪهاڙو

....

斧頭

هٿ سان هلائڻ واري ريڙهي

....

獨輪手推車

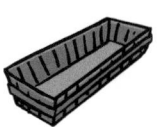

حوض

....

飼料槽

ڪير جو ڏبو

....

牛奶罐

ڳوڻ

....

麻布袋

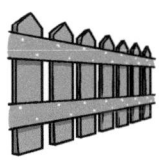

لوڙهو

....

柵欄

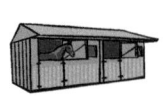

اصطبل

....

馬廄

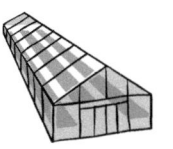

گرين هائوس

....

溫室

مٽي

....

土壤

ٻج

....

種子

ڪهاد

....

肥料

ڪمبائنڊ هارويسٽر

....

聯合收割機

فصل ڪٽڻ

收割

فصل ڪٽڻ

收割

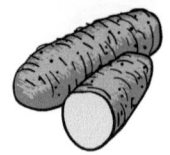

هڪ قسم جي ترڪاري

地瓜

ڪڻڪ

小麥

سويا

大豆

پٽاٽو

土豆

مڪائي

玉米

توري جو ٻج

油菜籽

ميون جو وڻ

果樹

ڪساوا

樹薯

اناج

穀物

چمني
屋頂
نڪاسي جو پائپ
落水管
دري
窗戶
گيراج
車庫
دروازي جي گهنٽي
門鈴
دروازو
門
ڪچري جي ٽوڪري
垃圾桶
ليٽر باڪس
信箱
باغ
花園

لوونگ روم

客廳

غسل خانو

浴室

باورچي خانو

廚房

بيڊروم

臥室

ٻارن جو ڪمرو

兒童房

ڊائننگ روم

餐廳

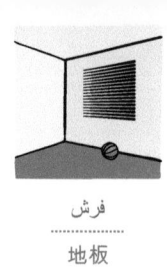

فرش

地板

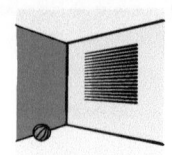

ديوار

牆壁

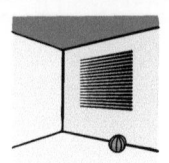

چهت

天花板

تهخانو

地窖

ٻاڦ وارو غسل

三溫暖

بالڪوني

陽臺

ٽيرس

露臺

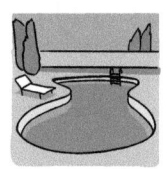

تلاءُ

游泳池

گاه ڪٽڻ واري مشين

割草機

چادر

被單

چادر

床罩

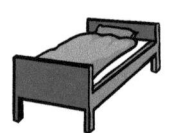

بيد

床

جهاڙو

掃帚

بالٽي

水桶

سوئچ

開關

لوونگ روم

客廳

وال پيپر
壁紙
تصوير
相片
ليمپ
檯燈
شيلف
擱架
الماري
櫥櫃
ٽيليويزن
電視
باهوواري چمني
壁爐
گل
花
墊子
صوفو
沙發
گلدان
花瓶
遙控器

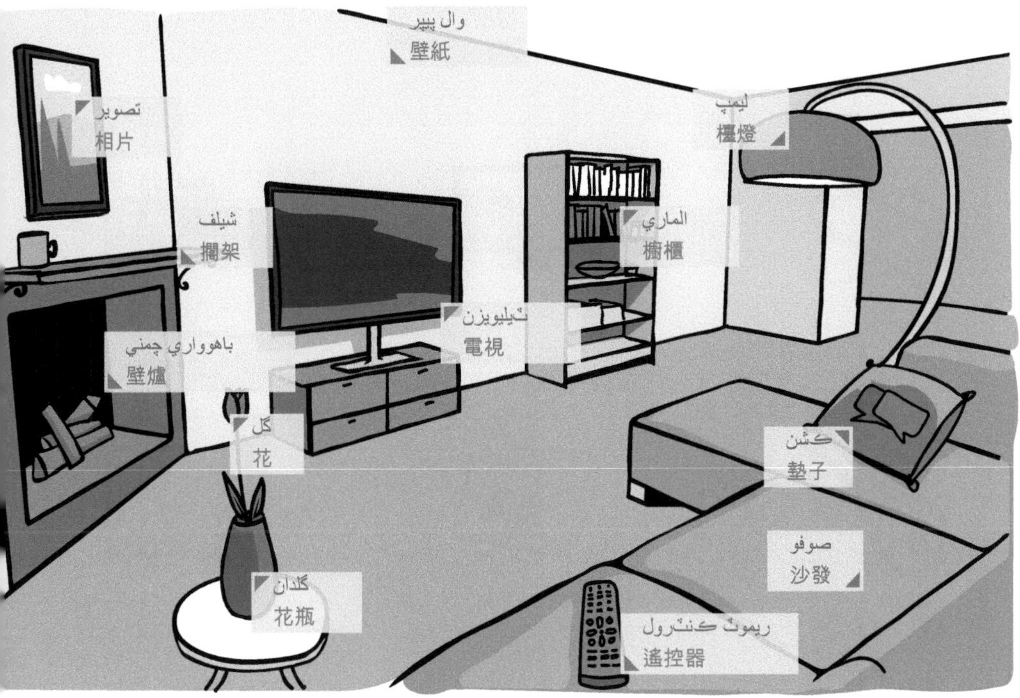

قالين

地毯

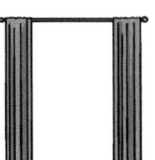

پردو

窗簾

ميز

餐桌

ڪرسي

椅子

لڏڻ واري ڪرسي

搖椅

آرام ڪرسي

扶手椅

ڪتاب

書

ڪمبل

毯子

آرائش

裝飾品

ٻارڻ واريون ڪاٺيون

木柴

فلم

電影

هائي فائي

高傳真音響

چاٻي

鑰匙

اخبار

報紙

پينٽنگ

油畫

پوسٽر

海報

ريڊيو

收音機

نوٽ بڪ

筆記本

ويڪيوم ڪلينر

吸塵器

ٿوهر جو ٻوٽو

仙人掌

ميڻ بتي

蠟燭

باورچي خانو
廚房

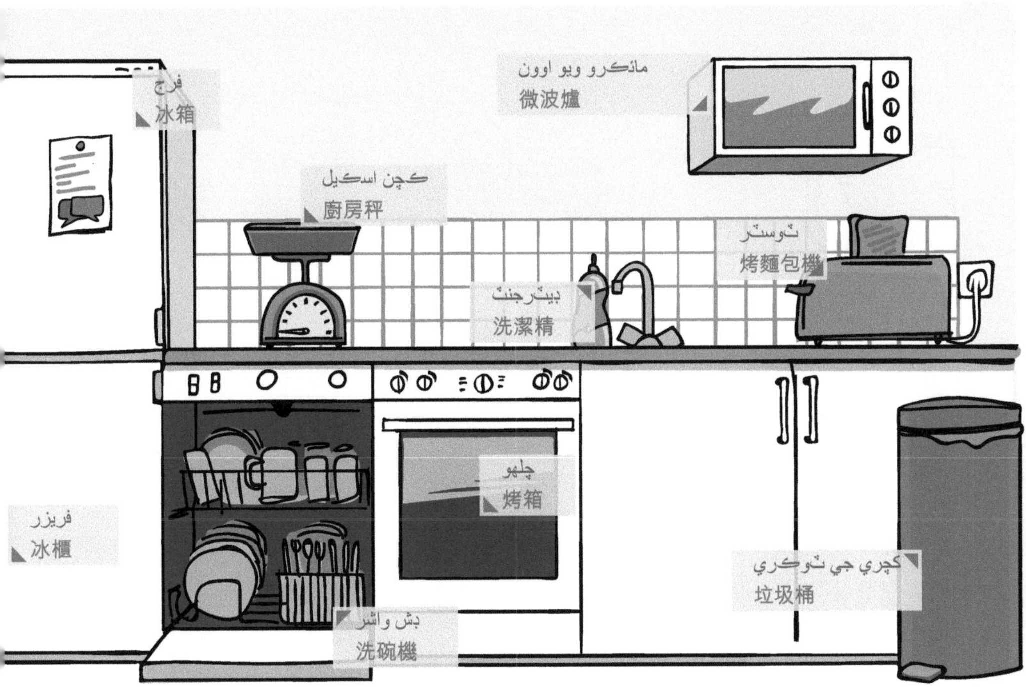

فرج
冰箱
مائڪرو ويو اوون
微波爐
ڪچن اسڪيل
廚房秤
ٽوسٽر
烤麵包機
ڊيٽرجنٽ
洗潔精
چلهو
烤箱
فريزر
冰櫃
ڪچري جي ٽوڪري
垃圾桶
ڊش واشر
洗碗機

ڪُڪر

炊具

ٿانوَ

鍋

ڪاسٽ آئرن جا ٿانو

鑄鐵鍋

ڪڙهائي

炒鍋

ترڻ وارو ٿانو

平底鍋

ڪيٽلي

水壺

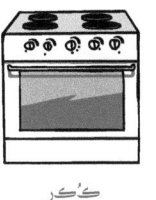

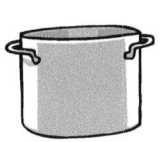

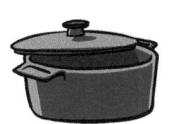

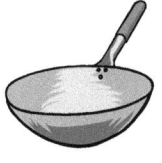

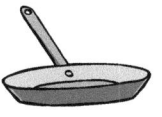

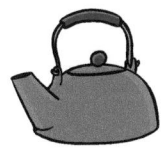

اسٽيمر

蒸鍋

بيڪنگ ٽري

烤盤

ڪراڪري

陶瓷鍋

مگ

馬克杯

پيالو

碗

چاپ اسٽڪس

筷子

ڏوئي

長柄勺

ٽفٽي

鏟子

سبزي مڪسر

攪拌器

ڇهڻي

濾網

ڇهڻي

篩子

ڪدو ڪش وارو اوزار

磨碎機

اکري

研缽

بار بي ڪيو

燒烤

کليل باھ

明火

سبزي ڪٽڻ وارو بورڊ

菜板

ويلڻ

擀麵杖

ڪارڪ اسڪريو

開瓶器

ڪين

罐子

ڪين اوپنر

開罐器

ٿانوَ پڪڙڻ وارو ڪپڙو

隔熱手套

سنڪ

水槽

برش

刷子

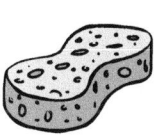

اسفنج

海綿

بلينڊر

攪拌機

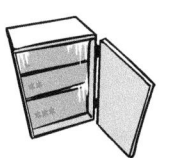

ڊيپ فريزر

冷藏箱

بار جي بوتل

奶瓶

نل

水龍頭

غسل خانو
浴室

供暖裝置
شاور

ٹائلٹ

廁所

اوکڙو ويهڻ وارو ٹوائلٹ

蹲便器

شرم گاہ ڌوئڻ وارو ٹب

坐浴器

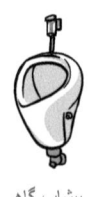

پیشاب گاہ

小便斗

ٹائلٹ پیپر

廁紙

ٹائلٹ برش

馬桶刷

ټوتھ برش

牙刷

ټوتھ پیسټ

牙膏

ډینټل فلاس

牙線

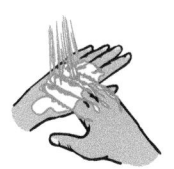

ډوئش

洗

هینډ شاور

手持式蓮蓬頭

شاور

沖洗器

بیک برش

洗臉盆

بیک برش

洗背刷

صابن

肥皂

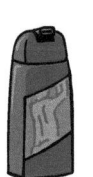

شاور جیل

沐浴露

شیمپو

洗髮乳

فلالین

法蘭絨

ډرین

排水

کریم

乳霜

ډیوډورنټ

除臭劑

آئینو

鏡子

هٿ ۾ پڪڙڻ وارو آئینو

手鏡

ریزر

刮鬍刀

شیونگ فوم

刮鬍泡沫

آفٽر شیو

鬍後水

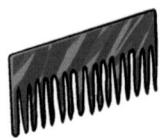

ڦڻي

梳子

برش

刷子

هيئر ڊرائير

吹風機

هيئر اسپري

噴髮定型劑

ميڪ اپ

化妝品

سرخي

唇膏

نيل وارنش

指甲油

ڪپه

化妝棉

نيل سيزر

指甲剪

پرفيوم

香水

واش بيگ

洗漱包

اسٽول

凳子

وزن ڪرڻ واري مشين

計重秤

باٿ روب

浴袍

ربڙ جا دستانا

橡膠手套

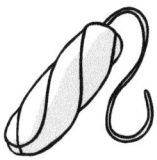

ٽيمپون

衛生棉條

صفائي وارو ٽاول

衛生棉

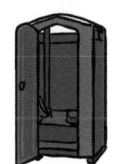

ڪيميائي ٽوائلٽ

化學廁所

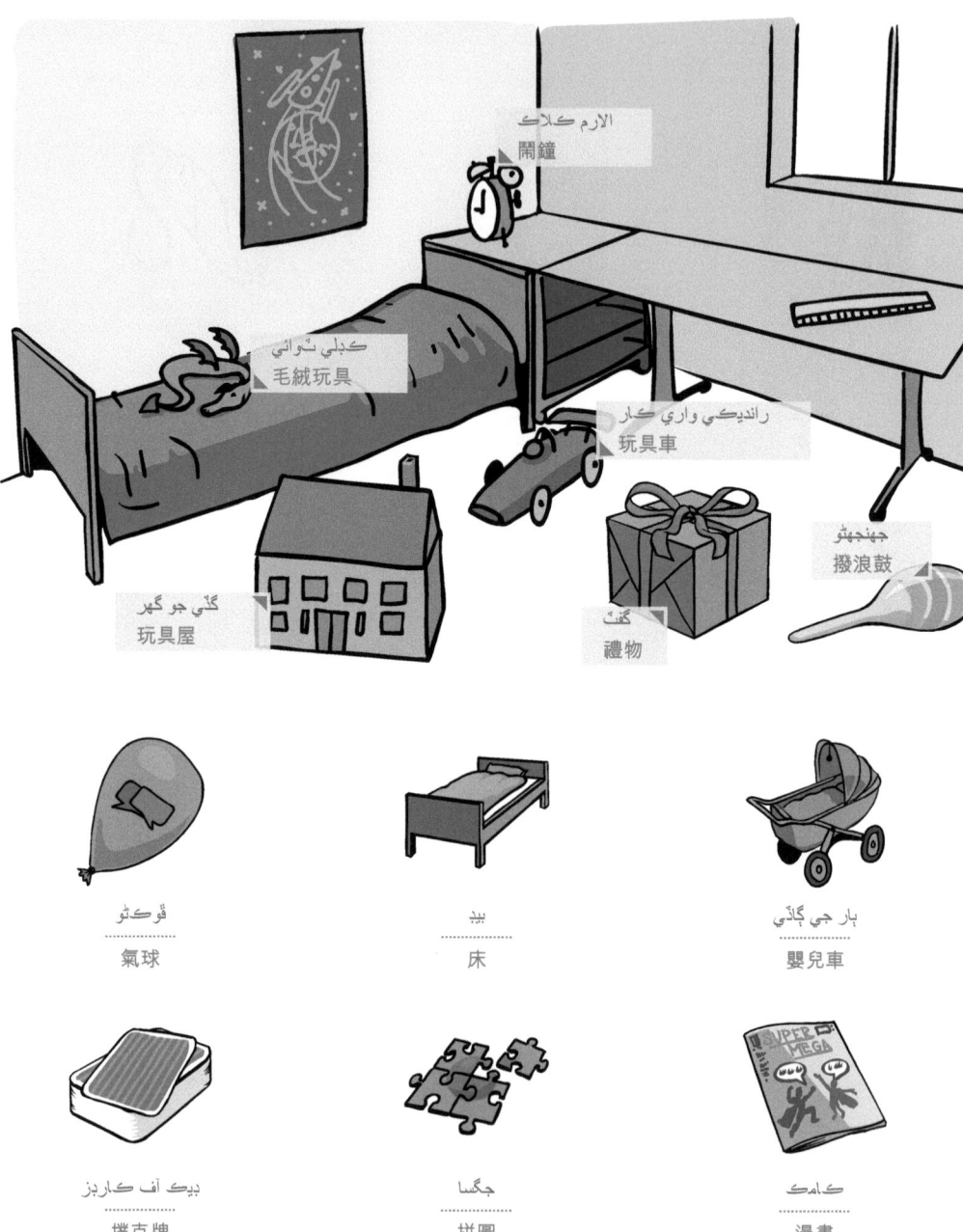

الارم ڪلاڪ
鬧鐘

ڪـٻلي ٿـوائي
毛絨玩具

رانديڪي واري ڪار
玩具車

جهنجهٽو
撥浪鼓

ڱـئي جو گھر
玩具屋

گفٽ
禮物

ڦوڪڻو
氣球

بيڊ
床

ٻار جي ڱاڏي
嬰兒車

ڊيڪ آف ڪارڊز
撲克牌

جڳسا
拼圖

ڪامڪ
漫畫

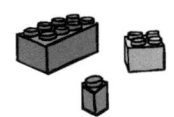

ليگوبرگس

樂高積木

رانديڪن وارا بلاڪس

積木玩具

ايڪشن فگر

公仔

بيبي گرو

嬰兒服

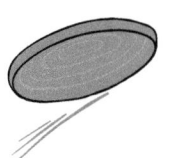

فرسبي

飛盤

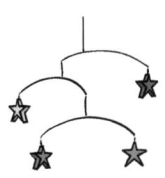

رانديڪي واري موبائل

床鈴玩具

بورڊ گيم

棋盤遊戲

ڇهڪو

骰子

ماڊل ٽرين سيٽ

火車模型

ٻارن جي چوسڻ واري نپل

安撫奶嘴

پارٽي

派對

تصوير واري ڪتاب

繪本

بال

球

گڏي

洋娃娃

کيڏڻ

玩

سينڊ پٽ

沙坑

جهولا

鞦韆

رانديڪا

玩具

وڊيو گيم ڪنسول

電玩遊戲

ٽن ڦيٿن واري سائيڪل

三輪車

ٽيڊي بيئر

泰迪熊

ڪپڙن جي الماري

衣櫃

لباس

衣服

جرابا

襪子

اسٽاڪنگز

長襪

ٽائٽس

緊身褲

اسکارف
圍巾

بيلٹ
皮帶

چٹري
雨傘

ٹي شرٹ
T恤

بوٹ
靴子

چپل
拖鞋

جاگر شوز
運動鞋

سينڈل
涼鞋

جوتا
鞋

ربڑ جا بوٹ
雨靴

انڈريينٹس
內褲

بريزر
胸罩

واسکٹ
背心

جسم

身體

پتلون

褲子

جينز پينٽ

牛仔褲

اسڪرٽ

短裙

چولو

女式襯衫

قميض

襯衫

جرسي

套頭衫

هوڊي

連帽上衣

بليزر

西裝夾克

جيڪٽ

夾克

ڪوٽ

外套

بارش ۾ پائڻ وارو ڪوٽ

雨衣

پوشاڪ

套裝

لباس

連衣裙

شادي جولباس

婚紗

سوٽ	نائٽ گاؤن	پاجامو
西裝	睡袍	睡衣

ساڙي	مٿي تي بڌل وارو اسڪارف	پڳڙي
莎麗	頭巾	包頭巾

برقعو	ڪفتان	عبايو
波卡	卡夫坦	(阿拉伯式)長袍

تيراڪي جو لباس	چڊي	نيڪر
泳衣	男式泳褲	短褲

ٽريڪ سوٽ	اپرن	دستانا
運動服	圍裙	手套

بٹن

鈕扣

چشمو

眼鏡

بريسليٽ

手鏈

هار

項鍊

منڊي

戒指

واليون

耳環

ٽوپي

便帽

ڪوٽ هينگر

衣架

ٽوپي

帽子

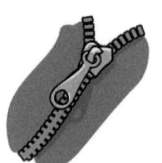

ٽائي

領帶

زپ

拉鍊

هيلمٽ

安全帽

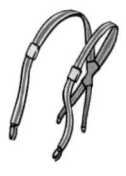

بريسز

背帶

اسڪول يونيفارم

校服

وردي

制服

ٻارن لاءِ ڳلي ۾ ٻڌڻ وارو ڪپڙو

圍兜

ٻارن جي چوسڻ واري نپل

安撫奶嘴

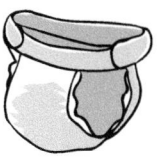

ڪڇو

尿布

آفس

辦公室

سرور
伺服器
فائلن جي الماري
檔案櫃
ڪاغذ
紙
پرنٽر
印表機
مانيٽر
螢幕
ماؤس
滑鼠
ميز
辦公桌
فولڊر
資料夾
ڪي بورڊ
鍵盤
ردي جي ٽوڪري
廢紙簍
ڪمپيوٽر
電腦
ڪافي مگ
椅子

ڪافي مگ

咖啡杯

ڪيلڪيوليٽر

計算機

انٽرنيٽ

網際網路

لیپ ٹاپ

筆記型電腦

خط

信件

پیغام

簡訊

موبائل

行動電話

نیٹ ورک

網路

فوٹو کاپی کرڻ واري مشین

影印機

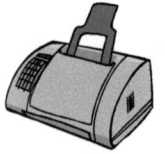

سافٹ ویئر

軟體

ٹیلی فون

電話

پلگ ساکٹ

插座

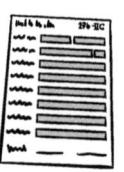

فیکس مشین

傳真機

فارم

表格

دستاویز

檔案

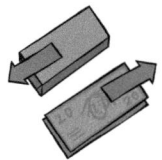

خرید کرڻ

買

ادا کرڻ

付錢

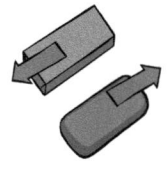

صاف کرڻ

交易

پیسا

現金

ڈالر

美元

یورو

歐元

ین

日元

روبل

盧布

سوئس فرانک

瑞士法郎

رینمنبی یوآن

人民幣

روپیہ

盧比

کیش پوائنٹ

提款處

رقم تبديل ڪرائڻ جي آفيس
....
外幣兌換處

سون
....
金

چاندي
....
銀

خام تيل
....
石油

توانائي
....
能源

قيمت
....
價格

معاهدو
....
合約

ٽيڪس
....
稅金

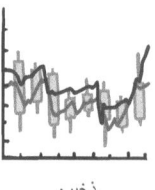

ذخيرو
....
股票

ڪم ڪرڻ
....
工作

ملازم
....
職員

آجر
....
老闆

فيڪٽري
....
工廠

دڪان
....
商店

پيشو

職業

پوليس آفيسر
警官
فائير مين
消防員
باورچي
廚師
醫師
飛行員

مالي
....
園丁

وايو
....
木匠

درزن
....
裁縫

جج
....
法官

کيميسټ
....
化學家

اداکار
....
演員

بس ډرائيور
公車司機

ټيکسي ډرائيور
計程車司機

مچي مارڼ وارو
漁夫

صفائي کرڼ واري مائي
清洗女工

چهت ټاهڼ وارو
屋頂工

ويټر
服務生

شکاري
獵人

رنګ ساز
畫家

نانوائي
麵包師

اليکټريشن
電工

بلډر
建築工人

انجنيئر
工程師

کاسائي
屠夫

پلمبر
水管工

پوسټ مين
郵差

سپاهي

士兵

آرکیټیکټ

建築師

خزانچي

收銀員

ګل کېپاڼ وارو

花農

نائي

理髮師

کنډیکټر

售票員

مکېنک

機械技師

کپتان

船長

ډینټسټ

牙醫

سائنسدان

科學家

يهودي عالم

拉比

امام

伊瑪目

راهب

和尚

پادري

牧師

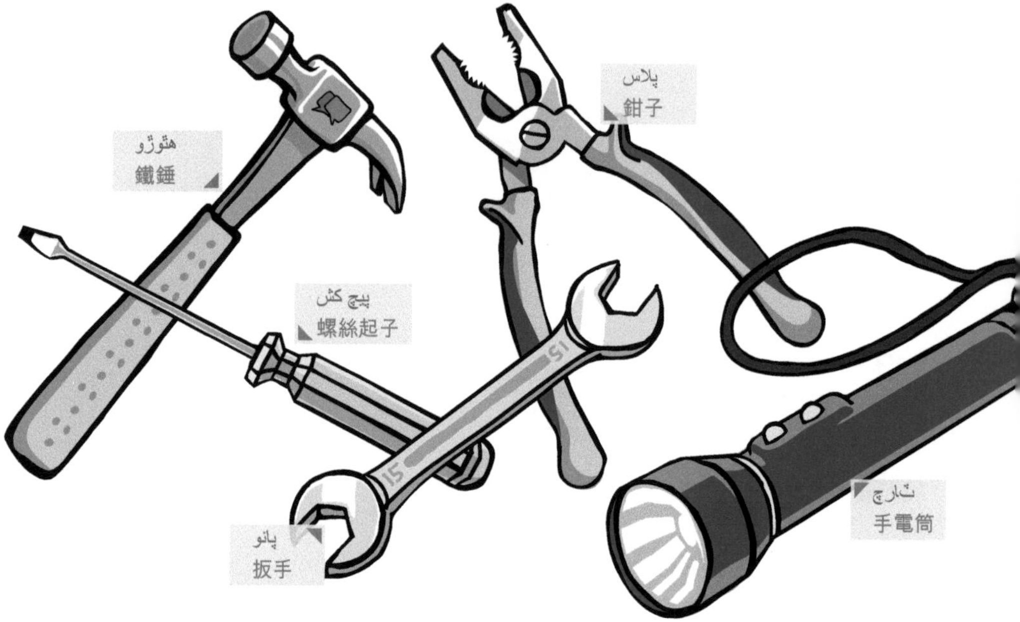

اوزار

工具

鐵錘
پلاس
鉗子
螺絲起子
پانو
扳手
手電筒

ايڪسڪويٽر

挖掘機

ٽول باڪس

工具箱

ڏاڪڻ

梯子

آري

鋸子

ڪوڪو

釘子

ڊرل

鑽機

مرمت ڪرڻ

修

بيلچو

鏟子

لعنت هجي!

糟糕！

ڪچري دان

畚箕

پينٽ وارو دٻو

油漆桶

پيچ

螺絲

موسيقي جا اوزار

樂器

لاؤڊ اسپيڪر
揚聲器
ڊبل باس
ڊبل باس
低音提琴
توتاري
小號
گٽار
吉他

پيانو

鋼琴

وائلن

小提琴

گٽار

貝斯

ٽمپاني

定音鼓

ڊرم

鼓

ڪي بورڊ

電子琴

سيڪوفون

薩克斯風

بانسري

長笛

مائيڪروفون

麥克風

چڙيا گهر

動物園

داخل ٿيڻ جو رستو
入口
چيتا
老虎
籠子
زيبرا
斑馬
جانورن جي خوراڪ
پانڊو
熊貓

جانور

動物

هاٿي

大象

ڪينگرو

袋鼠

گينڊو

犀牛

گوريلو

大猩猩

رڇ

熊

اٺ

駱駝

شتر مرغ

鴕鳥

شينهن

獅子

پولڙو

猴子

فليمنگو

紅鶴

طوطو

鸚鵡

برفاني رڇ

北極熊

ڪبوتر

企鵝

شارڪ

鯊魚

مور

孔雀

نانگ

蛇

واڳون

鱷魚

چڙيا گهر جو محافظ

動物園管理員

گوج مڇي

海豹

چيتو

美洲豹

ٽٽون

矮種馬

چيتو

豹

دريائي گھوڙو

河馬

چزراف

長頸鹿

باز

老鷹

سوئر

野豬

مڇي

魚

ڪمي

龜

سامونڊي گھوڙو

海象

لومڙي

狐狸

هرڻ

羚羊

راند

體育

آمريكن فوٹبال
橄欖球
سائكلنگ
騎腳踏車
ٹينس
網球
باسكٹ بال
籃球
تيراكي
游泳
باكسنگ
拳擊
آئس هاكي
冰球

فوٹبال

美式足球

بيندمنٹن

羽毛球

ايتهليٹكس

田徑

هينڈ بال

手球

اسكيئنگ

滑雪

پولو

馬球

سرگرميون

活動

跳
ڀاکر پائڻ
擁抱
笑
走路
唱
做夢
دعا کرڻ
祈禱
親吻

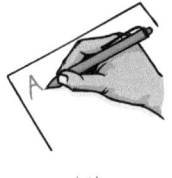

لکڻ

書寫

تصوير کشي کرڻ

畫

ڏيکارڻ

展示

ڌکو ڏيڻ

推

ڏيڻ

給

وٺڻ

拿

رکڻ
有

ڪرڻ
做

ٿيڻ
當

بيهڻ
站

ڀڄڻ
跑

ڇڪڻ
拉

اڇلائڻ
丟

ڪرڻ
摔倒

ڪوڙ ڳالهائڻ
躺

انتظار ڪرڻ
等待

کڻي وڃڻ
攜帶

ويهڻ
坐

تيار ٿيڻ
穿衣

سمهڻ
睡覺

جاڳڻ
醒來

ڏسڻ

看

روئڻ

哭

ڌڪ هڻڻ

擊

ڪنگي ڪرڻ

梳頭

ڳالهائڻ

交談

سمجهڻ

明白

پڇڻ

問

ٻڌڻ

聽

پيئڻ

喝

کائڻ

吃

صاف ڪرڻ

清理

پيار ڪرڻ

愛

پچائڻ

做飯

گاڏي هلائڻ

開車

اڏرڻ

飛

بحري سفر ڪرڻ

航行

حساب ڪرڻ

計算

پڙهڻ

讀

سکڻ

學習

ڪم ڪرڻ

工作

شادي ڪرڻ

結婚

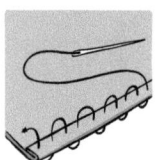

سيڻ

縫

ڏندن کي برش ڪرڻ

刷牙

قتل ڪرڻ

殺

سگريٽ پيئڻ

抽菸

موڪلڻ

寄

ڏاڏي يا ناني
祖母
ڏاڏو يا نانو
祖父
父親
母親
嬰兒
女兒
兒子

مهمان

客人

چاچي

阿姨

چاچو

叔叔

ڀاءُ

兄弟

ڀيڻ

姐妹

جسم

身體

پيشاني
前額
اک
眼睛
臉
ڪاڏي
下巴
چاتي
乳房
آڱر
手指
手
手臂
肩膀
ٽنگ
腿

ٻار

嬰兒

ماڻهون

男人

عورت

女人

ڇوڪري

女孩

ڇوڪرو

男孩

مٿو

頭

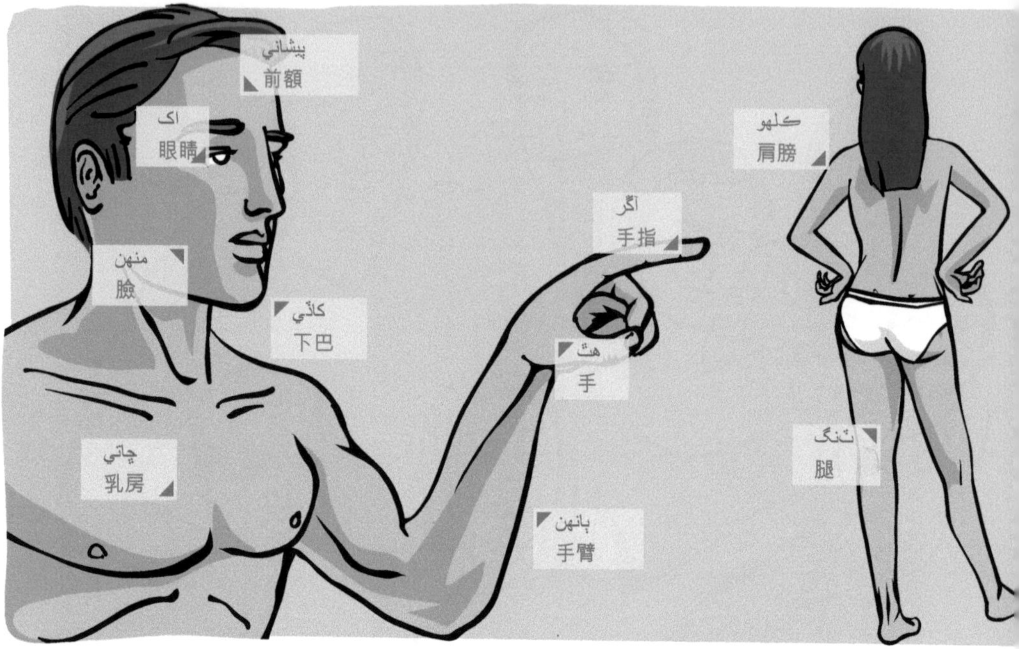

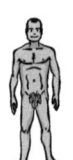

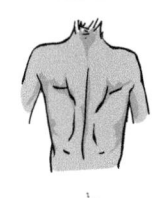

پٺي

背部

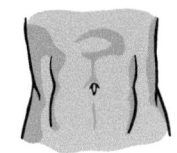

پيٽ

肚子

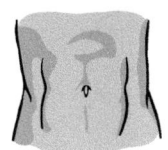

دن

肚臍

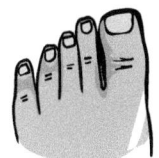

پير جو آڱوٺو

腳趾

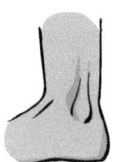

کڙي

腳後跟

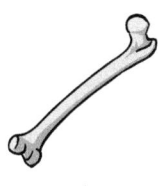

هڏي

骨頭

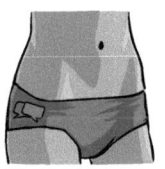

ڀنڊڻ

臀部

گوڏو

膝蓋

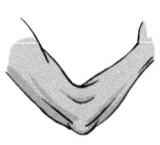

ٺونٺ

手肘

نڪ

鼻子

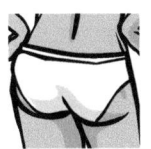

هيٺيون حصو

屁股

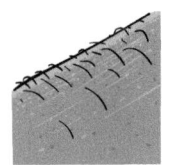

کل

皮膚

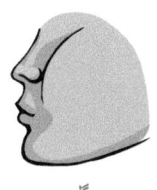

ڳل

臉頰

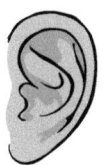

ڪن

耳朵

چپ

嘴唇

وات

嘴

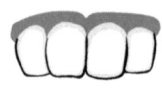

ڏند

牙齒

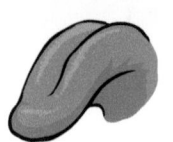

زبان

舌頭

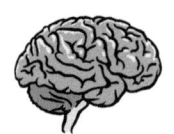

دماغ

腦

دل

心臟

ڏورو

肌肉

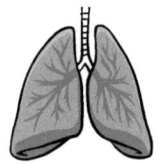

ڦڦڙ

肺

جگر

肝臟

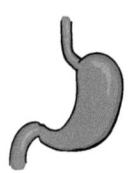

معدو

胃

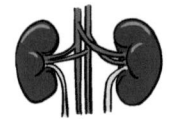

گردا

腎臟

جماع ڪرڻ

性交

ڪندوم

保險套

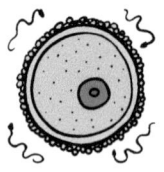

بيضه

卵子

مني

精子

حمل

懷孕

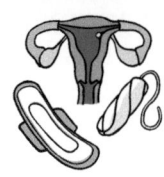

حيض

月事

ٻچيداني جي نالي

陰道

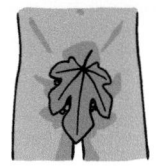

مردانو مخصوص عضوو

陰莖

ڀرون

眉毛

وار

頭髮

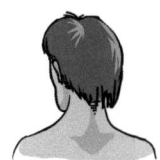

ڳچي

脖子

اسپتال

醫院

اینبولنس
急救車
ویل چیئر
輪椅
ھڈی جو ٹٹڻ
骨折

باڪٽر

醫師

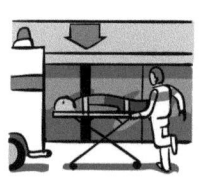

هنگامي ڪمرو

急診室

نرس

護理師

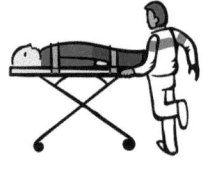

ايڪسري

緊急情形

بيهوش

昏迷

سور

痛

زخم

受傷

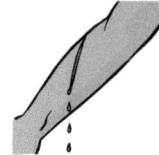

رت وهڻ

出血

دل جو دورو

心臟病發作

فالج

中風

الرجي

過敏

کنگهه

咳嗽

بخار

發燒

زڪام

流感

دست

腹瀉

مٿي جو سور

頭痛

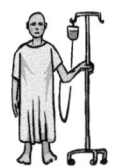

ڪينسر

癌症

ذيابيطس

糖尿病

سرجن

外科醫師

جراحي بليڊ

手術刀

آپريشن

手術

سي ٽي

電腦斷層掃描

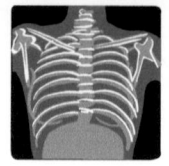

ايڪسري

X光

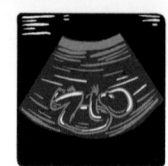

الٽراسائونڊ

超音波

منهن جي ماسڪ

口罩

بيماري

疾病

انتظار ڪرڻ جو ڪمرو

候診室

بيساکهي

拐杖

پالاسٽر

石膏

پٽي

綳帶

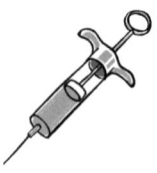

انجيڪشن

注射

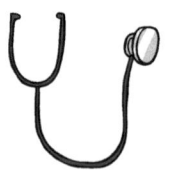

اسٽيٿوسڪوپ

聽診器

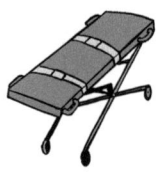

اسٽريچر

擔架

ٿرماميٽر

體溫計

پيدائش

出生

موٽاپو

超重

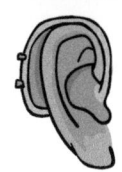

ٻڌڻ واري ڊيوائس

助聽器

جراثيم ڪش

消毒液

انفيڪشن

感染

وائرس

病毒

ايچ آءِ وي / ايڊز

愛滋病

دوا

藥物

ويڪسينيشن

接種疫苗

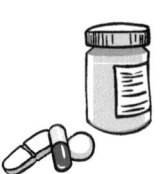

ٽڪي

藥片

گوري

藥丸

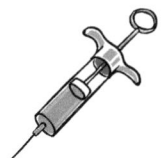

هنگامي ڪال

急救電話

بلڊ پريشر مانيٽر

血壓計

بيمار / صحت

生病/健康

ایکسري
緊急情形

مدد

救命！

الارم

警報

جسماني حملو ڪرڻ

突擊

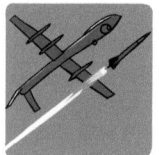

حملو ڪرڻ

攻擊

خطره

危險

هنگامي حالت ۾ نڪرڻ جو رستو

緊急出口

باھ

失火了！

باھ وسائڻ جو اوزار

滅火器

حادثو

意外

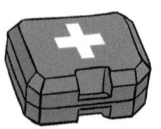

ابتدائي طبي امداد

急救箱

ايس او ايس

呼救訊號

پوليس

員警

يورپ

歐洲

اتر آمريڪا

北美洲

ڏکڻ آمريڪا

南美洲

آفريقا

非洲

ايشيا

亞洲

آسٽريليا

澳洲

اٽلانٽڪ

大西洋

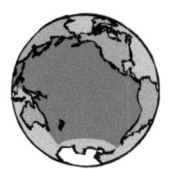

پيسفڪ

太平洋

بحر هند

印度洋

انٽارڪٽڪ سمنڊ

南冰洋

آرڪٽڪ سمنڊ

北冰洋

اتر قطب

北極

ڈکݨ قطب

南極

انٹارکٹیکا

南極洲

زمین

地球

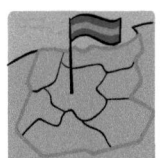

زمین

陸地

سمنڊ

海

جزیرو

島

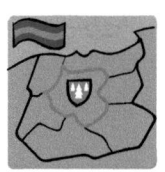

قوم

國家

ریاست

州

گھڙي جو سامهون حصو

錶盤

ڪلاڪ واري سوئي

時針

منٽ واري سوئي

分針

سيڪنڊن واري سوئي

秒針

ٽائم گھڻو ٿيو آهي؟

現在幾點？

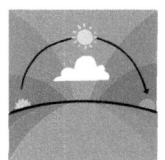

ڏينهن

天

وقت

時間

هاڻي

現在

ڊجيٽل گھڙي

電子錶

منٽ

分

ڪلاڪ

時

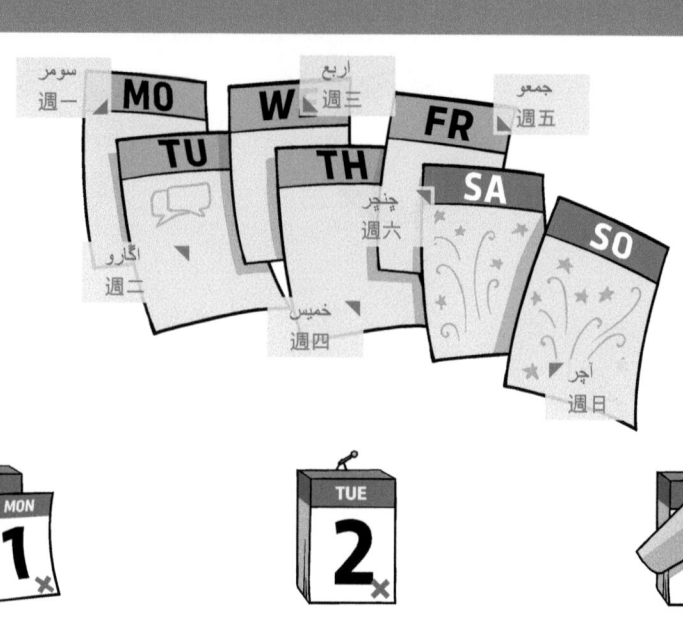

هفتو

週

ڪله

昨天

اڄ

今天

سڀاڻي

明天

صبح

早晨

منجهند

中午

شام

晚上

ڪاروباري ڏينهن

工作日

هفتي جو آخر

週末

برسات
雨

اندلٹھ
彩虹

هوا
風

برف
雪

بهار
春

گرمي جي موسم
夏

خزان
秋

سردي جي موسم
冬

موسم جي پيشنگوهي
....
天氣預告

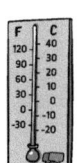

ٹرماميٽر
....
溫度計

اس
....
陽光

بادل
....
雲

ڌنڌ
....
霧

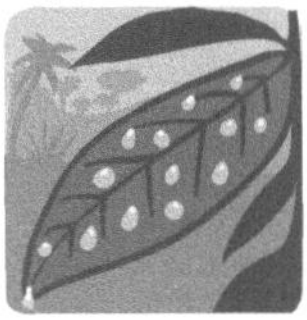

نمي
....
潮濕

آسماني بجلي

閃電

ٺرماميٽر

打雷

طوفان

風暴

ڳڙڻ جو مينهن

冰雹

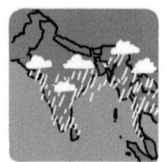

مون سون

季風

ٻوڏ

洪水

برف

冰

جنووري

一月

فيبروري

二月

مارچ

三月

اپريل

四月

مئي

五月

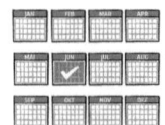

جون

六月

جولائي

七月

آگسٽ

八月

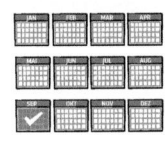

سپټمبر

九月

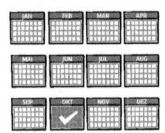

آکټوبر

十月

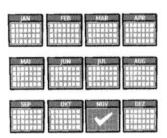

نومبر

十一月

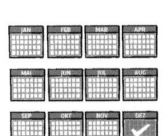

ډسمبر

十二月

شکلون
形狀

دائره

圓形

څکور

正方形

مستطیل

長方形

ټکندي

三角形

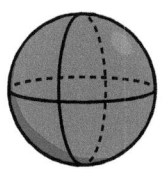

کره

球體

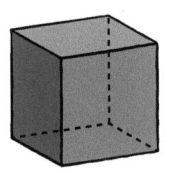

کعب

立方體

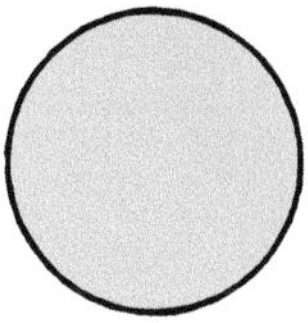

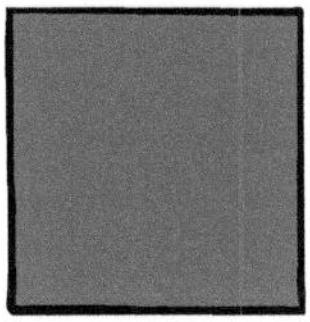

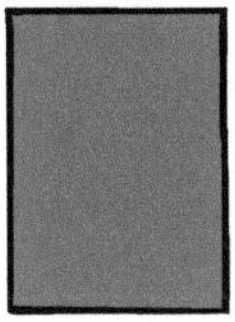

کلر
顏色

اڇو

白

پيلو

黃

نارنجي

橙

گلابي

粉

ڳاڙهو

紅

جامني

紫

نيرو

藍

سائو

綠

ناسي

棕

ڀورو

灰

ڪارو

黑

مخالف

反義詞

گهڻو / ٿورو

很多/少許

ناراض / پر سڪون

生氣/平靜

خوبصورت / بدصورت

美/醜

شروعات / ختم

首/尾

وڏو / ننڍو

大/小

روشني / اونده

明/暗

ڀيڻ / ڀائي

兄弟/姐妹

صاف / خراب

乾淨/骯髒

مڪمل / نا مڪمل

完整/缺失

ڏينهن / رات

白天/晚上

مرده / زنده

死/生

ڊگهو / تنگ

寬/窄

کائڻ قابل نه هجڻ / کائڻ جي قابل هجن

可食用/非食用

برو / سٺو

邪惡/善良

پرجوش / بوريت جوشڪار

興奮/無聊

موٽو / پتلو

胖/瘦

پهريون / آخري

第一/最後

دوست / دشمن

朋友/敵人

پريل / خالي

滿/空

سخت / نرم

硬/軟

ڳورو / هلڪو

重/輕

بک / اڃ

餓/渴

بيمار / صحت

生病/健康

غيرقانون / قانوني

非法/合法

عقلمند / بيوقوف

聰明/愚笨

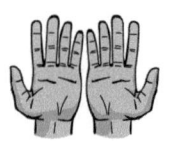

سڌو / ابتو

左/右

ويجهي / پري

近/遠

نئون / استعمال ٿيل

新/舊

ڪجهه به نه / ڪجهه

沒有/有些

پوڙهو / نوجوان

老/幼

آن / آف

開/關

کليل / بند

打開/闔上

خاموش / بلند آواز سان

安靜/吵鬧

امير / غريب

富/窮

صحيح / غلط

對/錯

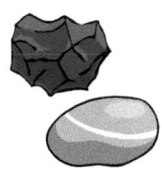

کهورو / لسو

粗糙/光滑

غمگين / خوش

傷心/高興

مختصر / ڊگهو

短/長

آهسته / تيز

慢/快

آلو / سڪل

濕/乾

گرم / ٿڌو

溫暖/涼爽

جنگ / امن

戰爭/和平

نمبرز
數字

0

زيرو

零

1

هک

一

2

به

二

3

ٹي

三

4

چار

四

5

پنج

五

6

چه

六

7

ست

七

8

آٹ

八

9

نَوَ

九

10

ڈه

十

11

يارهن

十一

12

پارهن

十二

13

تیرهن

十三

14

چوڈهن

十四

15

پندرهن

十五

16

سورهن

十六

17

سترهن

十七

18

ارڑهن

十八

19

اوٹویه

十九

20

ویه

二十

100

سو

百

1.000

هزار

千

1.000.000

ڈه لک

百萬

ٻوليون

語言

انگريزي

英語

آمريڪي انگريزي

美式英語

چيني ميندارن

普通話

هندي

印地語

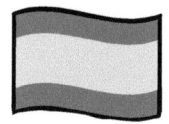

اندلسي ٻولي

西班牙語

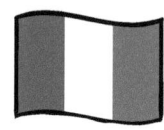

فرانسيسي

法語

عربي

阿拉伯語

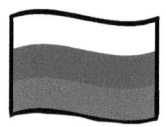

روسي

俄語

پرتگالي

葡萄牙語

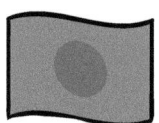

بنگالي

孟加拉語

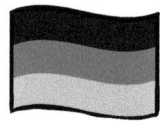

جرمن

德語

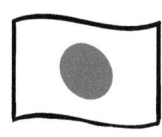

جاپاني

日語

ڪير / ڇا / ڪيئن

誰/什麼/如何

مان

我

تون

你

هي ڇوڪري/ هي ڇوڪرو / هو

他/她/它

اسان

我們

تون

你們

هو

他們

ڪير؟

誰？

ڇا؟

什麼？

ڪيئن

如何？

ڪٿي؟

何處？

ڪڏهن؟

何時？

نالو

名字

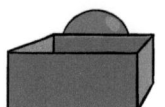

方位

پويان

後面

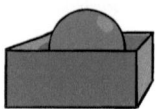

裡面

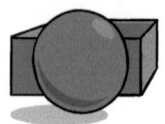

جي سامهون

前面

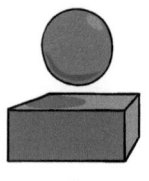

مٿي

上方

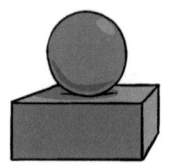

تي

上面

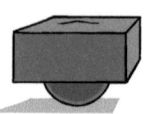

هيٺ

下麵

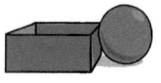

گڏ

旁邊

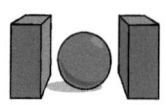

وچ ۾

中間

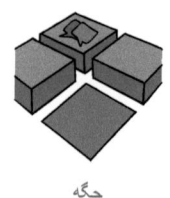

جڳهه

地點